Made in the USA
Monee, IL
12 November 2019

16676413R00066